Books and Chapbooks by A. Poulin, Jr.

POETRY

The Nameless Garden, 1978

The Widow's Taboo: Poems After the Catawba, 1977

Catawba: Omens, Prayers & Songs, 1977

In Advent, 1972

TRANSLATIONS

Orchards, A Sequence of French Poems by Rainer Maria Rilke, 1982

The Astonishment of Origins, French Sequences by Rainer Maria Rilke, 1982

Poems by Anne Hébert, 1980

The Roses & The Windows, French Poems by Rainer Maria Rilke, 1980

Saltimbanques, French Prose Poems by Rainer Maria Rilke, 1978

Duino Elegies and The Sonnets to Orpheus, Poems by Rainer Maria Rilke, 1977

ANTHOLOGIES

A Ballet for the Ear: Interviews, Essays and Reviews of John Logan, 1982

Contemporary American Poetry, First Edition, 1971; Second Edition, 1975; Third Edition, 1980

The American Folk Scene: Dimensions of the Folksong Revival, Co-Editor with David A. DeTurk, 1967

Orchards

Orchards

*A Sequence of French Poems by
Rainer Maria Rilke*

Translated by A. Poulin, Jr.

Graywolf Press / Port Townsend

ACKNOWLEDGMENTS

I am most grateful to my editor, Scott Walker, to Helen Byers and to my colleague, Dr. Bernard Petit of the State University of New York, College at Brockport, for having read intermediate versions of these translations and making invaluable suggestions for their improvement. I also wish to thank the Research Foundation of the State University of New York for fellowships, the State University of New York, College at Brockport, for a sabbatical and the Corporation and Staff of Yaddo for a residency during which the first drafts of these translations were completed. —A.P., Jr.

The original French poems that comprise the sequence *Vergers* have been collected in Rainer Maria Rilke *Sämtliche Werke*, Zweiter Band, Gedichte: Zweiter Teil, Insel-Verlag, 1958.

Orchards: A Sequence of French Poems by Rainer Maria Rilke. Translation copyright © 1982 by A. Poulin, Jr. All rights reserved. All inquiries should be addressed to Graywolf Press, Post Office Box 142, Port Townsend, Washington 98368.

Publication of this volume was made possible in part by a grant from the National Endowment for the Arts, a Federal agency.

ISBN 0-915308-33-9
LC Number 82-81874

2 3 4 5 6 7 8 9
FIRST PRINTING

Orchards

for Kimon Friar

Ce qui me reste, c'est . . .
ma joie toujours impénitente
d'avoir aimé des choses ressemblantes
à ces absences qui nous font agir.
—R. M. Rilke

Vergers

Orchards

Vergers

1

Ce soir mon cœur fait chanter
des anges qui se souviennent. . . .
Une voix, presque mienne,
par trop de silence tentée,

monte et se décide
à ne plus revenir;
tendre et intrépide,
à quoi va-t-elle s'unir?

2

Lampe du soir, ma calme confidente,
mon cœur n'est point par toi dévoilé;
(on s'y perdrait peut-être); mais sa pente
du côté sud est doucement éclairée.

C'est encore toi, ô lampe d'étudiant,
qui veux que le liseur de temps en temps

Orchards

1

Tonight my heart makes
angels sing, remembering....
Lured by too much silence,
some voice, barely mine,

rises and decides
never to return;
tender and intrepid,
what will it unite with?

2

Night light, my calm confidante,
my heart's not unveiled by you;
(we might lose ourselves); but the slope
of its South side is softly lit.

It's still you, O student lamp,
who wants the reader, now and then,

s'arrête, étonné, et se dérange
sur son bouquin, te regardant.

(Et ta simplicité supprime un Ange.)

3

Reste tranquille, si soudain
l'Ange à ta table se décide;
efface doucement les quelques rides
que fait la nappe sous ton pain.

Tu offriras ta rude nourriture,
pour qu'il en goûte à son tour,
et qu'il soulève à la lèvre pure
un simple verre de tous les jours.

4

Combien a-t-on fait aux fleurs
d'étranges confidences,

to stop and be distracted at his desk
as he stares at you, astounded.

(And your simplicity supplants an Angel.)

3

Stay still, if the Angel
suddenly chooses your table;
gently smooth those few wrinkles
in the cloth beneath your bread.

Then offer him your own rough food
so he can have his turn to taste,
so he can raise to that pure lip
a simple, common glass.

4

How many strange secrets
have we told the flowers

pour que cette fine balance
nous dise le poids de l'ardeur.

Les astres sont tous confus
qu'à nos chagrins on les mêle.
Et du plus fort au plus frêle
nul ne supporte plus

notre humeur variable,
nos révoltes, nos cris—
sauf l'infatigable table
et le lit (table évanouie).

5

Tout se passe à peu près comme
si l'on reprochait à la pomme
d'être bonne à manger.
Mais il reste d'autres dangers.

Celui de la laisser sur l'arbre,
celui de la sculpter en marbre,
et le dernier, le pire:
de lui en vouloir d'être en cire.

so that delicate balance
can tell us passion's weight.

All stars are confounded
when mingled with our grief.
From the frailest to the strong,
not one can still support

our ever-changing moods,
our revolts, our cries—
except the tireless table
and the bed (unconscious table).

5

Everything happens a little
as if we reproached the apple
for being good to eat.
But there are other risks:

to leave it on the tree,
to sculpt it out of marble,
and the last, the worst:
to wish that it were wax.

6

Nul ne sait, combien ce qu'il refuse,
l'Invisible, nous domine, quand
notre vie à l'invisible ruse
cède, invisiblement.

Lentement, au gré des attirances
notre centre se déplace pour
que le cœur s'y rende à son tour:
lui, enfin Grand-Maître des absences.

7: *PAUME*
> *À Mme. et M. Albert Vulliez*

Paume, doux lit froissé
où des étoiles dormantes
avaient laissé des plis
en se levant vers le ciel.

Est-ce que ce lit était tel
qu'elles se trouvent reposées,
claires et incandescentes,
parmi les astres amis
en leur élan éternel?

Ô les deux lits de mes mains,
abandonnés et froids,

6

No one knows how mastered we are
by what the Invisible refuses
when, to the invisible ruse,
our life concedes, invisibly.

Slowly, at the will of fascinations,
our center starts to shift
so, in turn, the heart can yield:
it, at last, Grand-Master of absences.

7: *PALM*

Palm, soft unmade bed,
where sleeping stars left
wrinkles as they rose
up towards the sky.

Was this bed such
that they are rested,
clear and incandescent,
among the friendly stars
in their eternal swirl?

Oh, the two beds of my hands,
abandoned and cold,

légers d'un absent poids
de ces astres d'airain.

8

Notre avant-dernier mot
serait un mot de misère,
mais devant la conscience-mère
le tout dernier sera beau.

Car il faudra qu'on résume
tous les efforts d'un désir
qu'aucun goût d'amertume
ne saurait contenir.

9

Si l'on chante un dieu,
ce dieu vous rend son silence.
Nul de nous ne s'avance
que vers un dieu silencieux.

Cet imperceptible échange
qui nous fait frémir,
devient l'héritage d'un ange
sans nous appartenir.

light with the absent load
of those brazen stars.

8

Our next-to-last word will be one
that is full of misery,
but, facing mother-conscience,
the very last one will be lovely.

Because we'll have to summon
every ounce of some desire
that no taste of bitterness
will know how to hinder.

9

If we sing a god, that god
offers us his silence.
None of us advances
but towards a silent god.

This imperceptible exchange
that makes us shiver
becomes an angel's heritage
we can never own.

10

C'est le Centaure qui a raison,
qui traverse par bonds les saisons
d'un monde à peine commencé
qu'il a de sa force comblé.

Ce n'est que l'Hermaphrodite
qui est complet dans son gîte.
Nous cherchons en tous les lieux
la moitié perdue de ces Demi-Dieux.

11: *CORNE D'ABONDANCE*

Ô belle corne, d'où
penchée vers notre attente?
Qui n'êtes qu'une pente
en calice, déversez-vous!

Des fleurs, des fleurs, des fleurs,
qui, en tombant, font un lit
aux bondissantes rondeurs
de tant de fruits accomplis!

Et tout cela sans fin
nous attaque et s'élance,

10

The Centaur has good reason:
it leaps across the seasons
of a barely started world
that with its power it fulfilled.

Only the Hermaphrodite
is complete in its plight.
We search against the odds
for the lost half of these half-gods.

11: *CORNUCOPIA*

O lovely horn, from where are you
curved towards our waiting?
No more than the leaning
of a calyx, pour yourself out!

Flowers, flowers, flowers,
that while falling make a bed
for the springing fullness
of so many finished fruit!

And all that endlessly
leaps out and attacks us

pour punir l'insuffisance
de notre cœur déjà plein.

Ô corne trop vaste, quel
miracle par vous se donne!
Ô cor de chasse, qui sonne
des choses, au souffle du ciel!

12

Comme un verre de Venise
sait en naissant ce gris
et la clarté indécise
dont il sera épris,

ainsi tes tendres mains
avaient rêvé d'avance
d'être la lente balance
de nos moments trop pleins.

to punish the deficiency
of our heart already full.

O too-huge horn, what miracle
gives itself through you!
O hunting horn that rings
all things with heaven's breath!

12

As Venetian glass,
becoming, knows this gray
and cloudy brightness
will be its enchantment,

so your tender hands
had dreamed in advance
of being the slow balance
of our overflowing moments.

13: *FRAGMENT D'IVOIRE*

Doux pâtre qui survit
tendrement à son rôle
avec sur son épaule
un débris de brebis.
Doux pâtre qui survit
en ivoire jaunâtre
à son jeu de pâtre.
Ton troupeau aboli
autant que toi dure
dans la lente mélancolie
de ton assistante figure
qui résume dans l'infini
la trêve d'actives pâtures.

14: *LA PASSANTE D'ÉTÉ*

Vois-tu venir sur le chemin la lente, l'heureuse,
celle que l'on envie, la promeneuse?
Au tournant de la route il faudrait qu'elle soit
saluée par de beaux messieurs d'autrefois.

Sous son ombrelle, avec une grâce passive,
elle exploite la tendre alternative:
s'effaçant un instant à la trop brusque lumière,
elle ramene l'ombre dont elle s'éclaire.

13: *IVORY FRAGMENT*

Sweet shepherd tenderly
surviving in your role
with a sheep's shards
across your shoulder.
Sweet shepherd surviving
your shepherd's role
in a yellow ivory.
Your flock is lost
as much as you last
in the slow melancholy
of your staring face
that resumes in infinity
the living pasture's truce.

14: *SUMMER PASSER-BY*

Do you see that slowly walking, happy
girl coming down the road, the one we envy?
At some turn in the road she ought to be
greeted by handsome men of days gone by.

Under her parasol, with passive grace,
she exploits the tender alternative:
disappearing briefly in the blinding light,
she gathers the shade of her incandescence.

15

Sur le soupir de l'amie
toute la nuit se soulève,
une caresse brève
parcourt le ciel ébloui.

C'est comme si dans l'univers
une force élémentaire
redevenait la mère
de tout amour qui se perd.

16

Petit Ange en porcelaine,
s'il arrive que l'on te toise,
nous t'avions quand l'année fut pleine
coiffé d'une framboise.

Ça nous semblait tellement futil
de te mettre ce bonnet rouge,
mais depuis lors tout bouge
sauf ton tendre tortil.

Il est desséché, mais il tient,
on dirait parfois qu'il embaume;
couronné d'un fantôme,
ton petit front se souvient.

15

The whole night rests
upon a lover's sigh,
a brief caress
crosses the dazzled sky.

As if in the universe
an elemental power
again became the mother
of all love being lost.

16

Little porcelain angel,
if they should take stock of you,
when the season reached its peak
we crowned you with a raspberry.

Capping you with that
red bonnet seemed so futile,
but since then all else trembles
except your tender coronet.

It is withered, but endures,
sometimes seeming to embalm;
crowned with such a phantom,
your little brow remembers.

17

Qui vient finir le temple de l'Amour?
Chacun en emporte une colonne;
et à la fin tout le monde s'étonne
que le dieu à son tour

de sa flèche brise l'enceinte.
(Tel nous le connaissons.)
Et sur ce mur d'abandon
pousse la plainte.

18

Eau qui se presse, qui court—eau oublieuse
que la distraite terre boit,
hésite un petit instant dans ma main creuse,
                souviens-toi!

Clair et rapide amour, indifférence,
presque absence qui court,
entre ton trop d'arrivée et ton trop de partance
                tremble un peu de séjour.

17

Who's coming to finish Love's temple?
Each person brings a column;
and when it's done everyone is stunned
that the god, when his turn comes,

shatters the wall with his lance.
(That's how he is known.)
And on this wall of abandon
the complaint begins to grow.

18

Hurried, running water—forgetful water
drunk by a distracted land,
linger a while in my cupped hand,
             remember!

Between all that coming, all that leaving,
clear and rapid love, indifference,
almost a running absence,
             linger, trembling.

19: *EROS*

I

Ô toi, centre du jeu
où l'on perd quand on gagne;
célèbre comme Charlemagne,
roi, empereur et Dieu—

tu es aussi le mendiant
en pitoyable posture,
et c'est ta multiple figure
qui te rend puissant.

Tout ceci serait pour le mieux;
mais tu es, *en nous* (c'est pire),
comme le noir milieu
d'un châle brodé de cachemire.

II

Ô faisons tout pour cacher son visage
d'un mouvement hagard et hasardeux,
il faut le reculer au fond des âges
pour adoucir son indomptable feu:

Il vient si près de nous qu'il nous sépare
de l'être bien-aimé dont il se sert;

19: *EROS*

I

O you, center of the game
where we lose when we win;
famous as Charlemagne,
king, emperor and God—

you're also the mendicant
in a pitiful position
and it's your shifting countenance
that makes you so powerful.

All this could be for the better;
but (it's worse) *in us*
you're like the black center
of an embroidered cashmere shawl.

II

Oh let's do all we can to hide his face
with a haggard and hazardous gesture.
We have to push him back into the abyss
of time to soften his untameable fire.

He comes so close to us, he separates
us from lovers he takes for his own use;

il veut qu'on touche; c'est un dieu barbare
que des panthères frôlent au désert.

Entrant en nous avec son grand cortège,
il y veut tout illuminé—
lui, qui après se sauve comme d'un piège,
sans qu'aux appâts il ait touché.

III

Là, sous la treille, parmi le feuillage
il nous arrive de le deviner:
son front rustique d'enfant sauvage,
et son antique bouche mutilée. . . .

La grappe devant lui devient pesante
et semble fatiguée de sa lourdeur,
un court moment on frôle l'épouvante
de cet heureux été trompeur.

Et son sourire cru, comme il l'infuse
à tous les fruits de son fier décor;
partout autour il reconnaît sa ruse
qui doucement le berce et l'endort.

he wants us to touch; a barbarous god
that panthers brush by in deserts.

Entering us with his grand court,
he wants everything well-lit—
he, who then escapes as from a trap,
without having touched the bait.

III

Under the arbor, there, among the leaves
we happen to discover him;
the rustic forehead of his savage youth,
his ancient mutilated mouth. . . .

In front of him the grape gets heavier
and seems exhausted by its weight;
for one quick moment we brush by
this content, deceptive summer's terror.

And his raw smile—he can infuse
it into all the fruit of his vain scene;
all over he can recognize the ruse
that softly rocks him off to sleep.

IV
Ce n'est pas la justice qui tient la balance précise,
c'est toi, ô Dieu à l'envie indivise,
qui pèses nos torts,
et qui de deux cœurs qu'il meurtrit et triture
fais un immense cœur plus grand que nature,
qui voudrait encor

grandir . . . . Toi, qui indifférent et superbe,
humilies la bouche et exaltes le verbe
vers un ciel ignorant . . . .
Toi qui mutiles les êtres en les ajoutant
à l'ultime absence dont ils sont des fragments.

20

Que le dieu se contente de nous,
de notre instant insigne,
avant qu'une vague maligne
nous renverse et pousse à bout.

Un moment nous étions d'accord:
lui, qui survit et persiste,
et nous dont le cœur triste
s'étonne de son effort.

IV
Justice doesn't hold the accurate scale;
it's you, O god of undivided envy,
who weighs our faults
and from two murdered and ground hearts
makes one huge heart, bigger than nature,
that would still want

to grow.... You, haughty and indifferent,
who humiliates the mouth and exalts the word
towards an ignorant heaven....
You, who mutilates beings while adding them
to the ultimate absence they're fragments of.

20

Let the god content himself with us,
with our notable instant,
before some vicious wave
overthrows and shatters us.

Once we were in accord:
him, who survives, persists,
and us, whose sad heart is
astounded by its very effort.

21

Dans la multiple rencontre
faisons à tout sa part,
afin que l'ordre se montre
parmi les propos du hasard.

Tout autour veut qu'on l'écoute—
écoutons jusqu'au bout;
car le verger et la route
c'est toujours nous!

22

Les Anges, sont-ils devenus discrets!
Le mien à peine m'interroge.
Que je lui rende au moins le reflet
d'un émail de Limoges.

Et que mes rouges, mes verts, mes bleus
son œil rond réjouissent.
S'il les trouve terrestres, tant mieux
pour un ciel en prémisses.

21

In the multiple encounter
let's offer everything its due
so that order will appear
amidst hazard's propositions.

All things want us to listen—
let's listen to the very end;
because the orchard and the road
are always us!

22

Have the angels turned discreet!
Mine hardly questions me.
Let me offer him at least
the glow of Limoges glaze.

And let my reds, my greens, my blues
make his round eye rejoice.
If he finds them earthy, good!
—for a paradise of premises.

23

Combien le pape au fond de son faste,
sans être moins vénérable,
par la sainte loi du contraste
doit attirer le diable.

Peut-être qu'on compte trop peu
avec ce mouvant équilibre;
il y a des courants dans le Tibre:
tout jeu veut son contre-jeu.

Je me rappelle Rodin
qui me dit un jour d'un air mâle
(nous prenions, à Chartres, le train)
que, trop pure, la cathédrale
provoque un vent de dédain.

24

C'est qu'il nous faut consentir
à toutes les forces extrêmes;
l'audace est notre problème
malgré le grand repentir.

Et puis, il arrive souvent
que ce qu'on affronte, change:

23

Without being less venerable
at the heart of his fast,
by the holy law of contrast
how the Pope must tempt the devil.

In this moving equilibrium
perhaps we put too little store;
there are cross-currents in the Tiber:
each game needs its counter-game.

I recall Rodin
once saying in his cocky style
(we were leaving Chartres by train)
that, too pure, the cathedral
provokes a contemptuous wind.

24

It's that we must consent
to all extremes of power;
audacity's our problem,
despite the grand repentance.

And so, it often happens,
what we affront will change:

le calme devient ouragan,
l'abîme le moule d'un ange.

Ne craignons pas le détour.
Il faut que les Orgues grondent,
pour que la musique abonde
de toutes les notes de l'amour.

25

On a si bien oublié
les dieux opposés et leurs rites,
qu'on envie aux âmes confites
leur naïf procédé.

Il ne s'agit pas de plaire,
ni de se convertir,
pourvu que l'on sache obéir
aux ordres complémentaires.

the calm turns into hurricane,
the abyss into an angel's mold.

We musn't dread that curve.
The Organs have to boom
for the music to abound
with all the notes of Love.

25

We've forgotten so well
challenged gods and their rites,
that we envy faithful souls
their simple way of life.

It's not that we must please
nor that we must convert,
if we know to obey
the complementary orders.

26: *LA FONTAINE*

Je ne veux qu'une seule leçon, c'est la tienne,
fontaine, qui en toi-même retombes—
celle des eaux risquées auxquelles incombe
ce céleste retour vers la vie terrienne.

Autant que ton multiple murmure
rien ne saurait me servir d'exemple;
toi, ô colonne légère du temple
qui se détruit par sa propre nature.

Dans ta chute, combien se module
chaque jet d'eau qui termine sa danse.
Que je me sens l'élève, l'émule
de ton innombrable nuance!

Mais ce qui plus que ton chant vers toi me décide
c'est cet instant d'un silence en délire
lorsqu' à la nuit, à travers ton élan liquide
passe ton propre retour qu'un souffle retire.

26: *THE FOUNTAIN*

I want just one lesson, and it's yours,
fountain falling back into yourself—
that of risked waters on which depends
this celestial return towards earthly life.

Nothing will serve as example
as much as your multiple murmur:
you, O light column of a temple
that destroys itself by nature.

In your fall, how each jet of water
modulates itself as it ends its dance.
I feel like such a student, imitator
of your innumerable nuance.

But what's more convincing than your singing
is that instant of ecstatic silence when
at night, drawn back by a breath, your own
return passes through your liquid leaping.

27

Qu'il est doux parfois d'être de ton avis,
frère aîné, ô mon corps,
qu'il est doux d'être fort
de ta force,
de te sentir feuille, tige, écorce
et tout ce que tu peux devenir encor,
toi, si près de l'esprit.

Toi, si franc, si uni
dans ta joie manifeste
d'être cet arbre de gestes
qui, un instant, ralentit
les allures célestes
pour y placer sa vie.

28: *LA DÉESSE*

Au midi vide qui dort
combien de fois elle passe,
sans laisser à la terrasse
le moindre soupçon d'un corps.

Mais si la nature la sent,
l'habitude de l'invisible
rend une clarté terrible
à son doux contour apparent.

27

Sometimes it's good to be
like you, older brother, O my body,
it's so good to be strong
with your strength,
to feel myself leaf, trunk, bark
and all else you still can become,
you, so close to spirit.

You, so free, so whole
in your obvious delight
to be this tree of gestures
which, one moment, slows down
that celestial pace,
and there situates its life.

28: *THE GODDESS*

In the empty sleeping noon,
how often she will pass
and not leave the slightest hint
of a body on the terrace.

But if nature senses her,
the habit of invisible power
renders a terrible clarity
to her soft visible contour.

29: *VERGER*

I
Peut-être que si j'ai osé t'écrire,
langue prêtée, c'était pour employer
ce nom rustique dont l'unique empire
me tourmentait depuis toujours: Verger.

Pauvre poète qui doit élire
pour dire tout ce que ce nom comprend,
un à peu près trop vague qui chavire,
ou pire: la clôture qui défend.

Verger: ô privilège d'une lyre
de pouvoir te nommer simplement;
nom sans pareil qui les abeilles attire,
nom qui respire et attend. . . .

Nom clair qui cache le printemps antique,
tout aussi plein que transparent,
et qui dans ses syllabes symétriques
redouble tout et devient abondant.

II
Vers quel soleil gravitent
tant de désirs pesants?
De cette ardeur que vous dites,
où est le firmament?

29: *THE ORCHARD*

I

If I dared to write you, borrowed
tongue, perhaps it was to use
this rustic name whose rare kingdom
always has tormented me: Orchard.

Poor poet, who must select
to say all that your name implies,
a vague approximate capsized,
or worse: a fence that protects.

Orchard: oh lyre's privilege
to be able just to name you simply;
unequaled name attracting bees,
name that waits and breathes. . . .

Bright name hiding antique spring,
as much transparent as it's full,
which in its symmetry of syllables
becomes abundant by redoubling all.

II

Toward what sun do so many
heavy longings gravitate?
Where is the firmament
of this ardor you profess?

Pour l'un à l'autre nous plaire,
faut-il tant appuyer?
Soyons légers et légères
à la terre remuée
par tant de forces contraires.

Regardez bien le verger:
c'est inévitable qu'il pèse;
pourtant de ce même malaise
il fait le bonheur de l'été.

III

Jamais la terre n'est plus réelle
que dans tes branches, ô verger blond,
ni plus flottante que dans la dentelle
que font tes ombres sur le gazon.

Là se rencontre ce qui nous reste,
ce qui pèse et ce qui nourrit
avec le passage manifeste
de la tendresse infinie.

Mais à ton centre, la calme fontaine,
presque dormant en son ancien rond,
de ce contraste parle à peine,
tant en elle il se confond.

Just to please each other
must we lean so much?
Let us be light and lighter
on this earth that's moved
by such contrary powers.

Look closely at the orchard:
inevitably, it's heavy;
yet with the same malaise
it makes the summer happy.

III
Never is the earth more real
than in your branches, O blonde
orchard, nor more floating than
in your shade's lace on the lawn.

There, what is left for us,
what is heavy and what feeds
meets the manifest passage
of infinite tenderness.

But in your center, the calm fountain,
almost sleeping in her ancient round,
barely mentions contradictions,
since in her they're so well blended.

IV
De leur grâce, que font-ils,
tous ces dieux hors d'usage,
qu'un passé rustique engage
à être sages et puérils?

Comme voilés par le bruit
des insectes qui butinent,
ils arrondissent les fruits
(occupation divine).

Car aucun jamais ne s'efface,
tant soit-il abandonné;
ceux qui parfois nous menacent
sont des dieux inoccupés.

V
Ai-je des souvenirs, ai-je des espérances,
  en te regardant, mon verger?
Tu te repais autour de moi, ô troupeau d'abondance,
  et tu fais penser ton berger.

Laisse-moi contempler au travers de tes branches
  la nuit qui va commencer.
Tu as travaillé; pour moi c'était un dimanche—
  mon repos, m'a-t-il avancé?

IV
What do they do with their wiles,
all these gods now out of usage
that a rustic past engages
to be wise and puerile?

As if veiled by the sound
of looting insects,
they make the fruit get round
(a divine occupation).

For none ever self-destructs,
no matter how abandoned,
and those who menace us
are gods now unemployed.

   V
Do I have memories, do I have any hopes
   when I look at you, my orchard?
You feed yourself around me, O flock of abundance,
   and you make your shepherd think.

Through your branches let me contemplate
   the night about to start.
You have worked; for me it was a Sunday—
   did my rest do me any good?

D'être berger, qu'y a-t-il de plus juste en somme?
  Se peut-il qu'un peu de ma paix
aujourd'hui soit entrée doucement dans tes pommes?
  Car tu sais bien, je m'en vais. . . .

VI
N'était-il pas, ce verger, tout entier,
ta robe claire, autour de tes épaules?
Et n'as-tu pas senti combien console
son doux gazon qui pliait sous ton pied?

Que de fois, au lieu de promenade,
il s'imposait en devenant tout grand;
et c'était lui et l'heure qui s'évade
qui passaient par ton être hésitant.

Un livre parfois t'accompagnait. . . .
Mais ton regard, hanté de concurrences,
au miroir de l'ombre poursuivait
un jeu changeant de lentes ressemblances.

VII
Heureux verger, tout tendu à parfaire
de tous ses fruits les innombrables plans,
et qui sait bien son instinct séculaire
plier à la jeunesse d'un instant.

Quel beau travail, quel ordre que le tien!
Qui tant insiste dans les branches torses,

What could be better than to be a shepherd?
   Can it be that part of my peace
today has softly entered in your apples?
   For you well know that I am leaving....

VI

This orchard, all of it, wasn't it
bright clothes around your shoulders?
And didn't you feel how much its soft
grass, that bent under foot, consoles?

How often, instead of parading,
it was impressive just by becoming great;
it was the orchard and evasive hour
that passed by your hesitant being.

Sometimes a book was with you....
But, haunted by concurrences, your gaze
chased a changing game of slow resemblances
in the mirror of the shade.

VII

Happy orchard, stretched out to perfect
the countless plans of all your fruit,
and who well knows your daily instinct
bending toward an instant's youth.

What handsome work, what order is like yours!
So insistent in the twisted limbs,

mais qui enfin, enchanté de leur force,
déborde dans un calme aérien.

Tes dangers et les miens, ne sont-ils point
tout fraternels, ô verger, ô mon frère?
Un même vent, nous venant de loin,
nous force d'être tendres et austères.

30

Toutes les joies des aïeux
ont passé en nous et s'amassent;
leur cœur, ivre de chasse,
leur repos silencieux

devant un feu presque éteint. . . .
Si dans les instants arides
de nous notre vie se vide,
d'eux nous restons tout pleins.

Et combien de femmes ont du
en nous se sauver, intactes,
comme dans l'entr'acte
d'une pièce qui n'a pas plu—

parées d'un malheur qu'aujourd'hui
personne ne veut ni ne porte,

but finally, enchanted by their power,
soars into an aerial calm.

Your dangers and my own, are they not
related, O orchard, O my brother?
The same wind, coming from afar,
forces us to be austere and tender.

30

All of our ancestors' pleasures
pass through us and amass;
their heart, wild with the hunt,
their taciturn rest

near a fire almost out. . . .
If, during arid moments,
our life spills out of us,
we remain still filled with them.

And how many women must have
escaped in us, intact,
as during the entr'acte
of a play that did not please—

dressed in misery no one
wears or wants these days,

elles paraissent fortes
appuyées sur le sang d'autrui.

Et des enfants, des enfants!
Tous ceux que le sort refuse,
en nous exercent la ruse
d'exister pourtant.

31: *PORTRAIT INTÉRIEUR*

Ce ne sont pas des souvenirs
qui, en moi, t'entretiennent;
tu n'es pas non plus mienne
par la force d'un beau désir.

Ce qui te rend présente,
c'est le détour ardent
qu'une tendresse lente
décrit dans mon propre sang.

Je suis sans besoin
de te voir apparaître;
il m'a suffi de naître
pour te perdre un peu moins.

propped on the blood
of others, they seem strong.

And the children, the children!
All those refused by fate,
in us they can pretend
that somehow they exist.

31: *INTERIOR PORTRAIT*

You don't survive in me
because of memories;
nor are you mine because
of a lovely longing's strength.

What does make you present
is the ardent detour
that a slow tenderness
traces in my blood.

I do not need
to see you appear;
being born sufficed for me
to lose you a little less.

32

Comment encore reconnaître
ce que fut la douce vie?
En contemplant peut-être
dans ma paume l'imagerie

de ces lignes et de ces rides
que l'on entretient
en fermant sur le vide
cette main de rien.

33

Le sublime est un départ.
Quelque chose de nous qui au lieu
de nous suivre, prend son écart
et s'habitue aux cieux.

La rencontre extrême de l'art
n'est-ce point l'adieu le plus doux?
Et la musique: ce dernier regard
que nous jetons nous-mêmes vers nous!

32

How can I recognize again
what was *la douce vie*?
Perhaps by contemplating
in my palm the imagery

of these lines and
ridges we preserve
by closing this hand
of nothing on the void.

33

The sublime is a departure.
Instead of following, something
in us starts going its own way
and getting used to heavens.

Isn't art's extreme encounter
the tenderest farewell?
And music: that last glance
that we ourselves throw back at us!

34

Combien de ports pourtant, et dans ces ports
combien de portes, t'accueillant peut-être,
combien de fenêtres
d'où l'on voit ta vie et ton effort.

Combien de grains ailés de l'avenir
qui, transportés au gré de la tempête,
un tendre jour de fête
verront leur floraison t'appartenir.

Combien de vies qui toujours se répondent;
et par l'essor que prend ta propre vie
en étant de ce monde,
quel gros néant à jamais compromis.

35

N'est-ce pas triste que nos yeux se ferment?
On voudrait avoir les yeux toujours ouverts,
pour avoir vu, avant le terme,
tout ce que l'on perd.

N'est-il pas terrible que nos dents brillent?
Il nous aurait fallu un charme plus discret

34

And yet how many ports, and in those ports
how many portals welcome you, perhaps,
from how many windows
can be seen your life and effort.

How many of the future's winged grains,
carried by the mercy of the storm,
one tender day of celebration
will see their bloom belong to you.

How many lives always answering each other;
and in the flight your own life takes
by being in this world,
what huge nothing compromised forever.

35

Isn't it sad that our eyes close?
We'd want our eyes always open
to have seen, before the end,
all that we lose.

Isn't it terrible our teeth shine?
We would have needed charm far more

pour vivre en famille
en ce temps de paix.

Mais n'est-ce pas le pire que nos mains se
                                    cramponnent,
dures et gourmandes?
Faut-il que des mains soient simples et bonnes
pour lever l'offrande!

36

Puisque tout passe, faisons
la mélodie passagère;
celle qui nous désaltère
aura de nous raison.

Chantons ce qui nous quitte
avec amour et art;
soyons plus vite
que le rapide départ.

discreet to live together
in this peace-time.

But isn't it worse that our hands clamp,
greedy and hard?
Hands must be simple and good
to lift the offering!

36

Since everything must pass,
let us sing a passing song;
the one that's satisfying
will be so because of us.

Let us sing about whatever
leaves with love and art;
let us be faster still
than that rapid departure.

37

Souvent au-devant de nous
l'âme-oiseau s'élance;
c'est un ciel plus doux
qui déjà la balance,

pendant que nous marchons
sous des nuées épaisses.
Tout en peinant, profitons
de son ardente adresse.

38

Vues des Anges, les cimes des arbres peut-être
sont des racines, buvant les cieux;
et dans le sol, les profondes racines d'un hêtre
leur semblent des faîtes silencieux.

Pour eux, la terre, n'est-elle point transparente
en face d'un ciel, plein comme un corps?
Cette terre ardente, où se lamente
auprès des sources l'oubli des morts.

37

The soul-bird often
soars ahead of us;
it's a sweeter heaven
that already poises it,

while we just plod on
under thick clouds. Still,
grieving, let us profit
from its ardent skill.

38

The Angels' view: perhaps the tips of trees
are roots that drink the skies;
and in the earth the beech's deepest
roots look like silent summits.

For them, is not the earth transparent
against a sky full as a corpse?
This ardent earth where, near the springs,
the dead's oblivion laments.

39

Ô mes amis, vous tous, je ne renie
aucun de vous; ni même ce passant
qui n'était de l'inconcevable vie
qu'un doux regard ouvert et hésitant.

Combien de fois un être, malgré lui,
arrête de son œil ou de son geste
l'imperceptible fuite d'autrui,
en lui rendant un instant manifeste.

Les inconnus. Ils ont leur large part
à notre sort que chaque jour complète.
Précise bien, ô inconnue discrète,
mon cœur distrait, en levant ton regard.

40

Un cygne avance sur l'eau
tout entouré de lui-même,
comme un glissant tableau;
ainsi à certains instants

39

O my friends, all of you, I renounce
none of you: not even that transient
who, from the inconceivable life, was
no more than a soft glance, open and hesitant.

How often, with an eye or gesture,
someone, despite himself, stops
the imperceptible flight of another
by paying attention to him a moment.

Strangers. They play large parts
in our fate that every day completes.
O discreet stranger, take good aim,
as you lift your gaze towards my distracted heart.

40

A swan swims on the water
surrounded by itself
like a gliding picture;
thus at certain moments

un être que l'on aime
est tout un espace mouvant.

Il se rapproche, doublé,
comme ce cygne qui nage,
sur notre âme troublée . . .
qui à cet être ajoute
la tremblante image
de bonheur et de doute.

41

Ô nostalgie des lieux qui n'étaient point
assez aimés à l'heure passagère,
que je voudrais leur rendre de loin
le geste oublié, l'action supplémentaire!

Revenir sur mes pas, refaire doucement
—et cette fois, seul—tel voyage,
rester à la fontaine davantage,
toucher cet arbre, caresser ce banc. . . .

Monter à la chapelle solitaire
que tout le monde dit sans intérêt;

a being that we love
is utter space in motion.

Like this swimming swan,
doubled, it comes closer
on our troubled soul . . .
which to this being adds
the rippling image
of happiness and doubt.

41

O longing for the places that weren't loved
enough during the passing hour,
that from afar I want to offer them
the added act and the forgotten gesture.

Retrace my steps—this time alone—
slowly make that journey over,
remain by the fountain longer,
touch that tree, caress this bench. . . .

Climb to the solitary chapel
we all mention without interest;

pousser la grille de ce cimetière,
se taire avec lui qui tant se tait.

Car n'est-ce pas le temps où il importe
de prendre un contact subtil et pieux?
Tel était fort, c'est que la terre est forte;
et tel se plaint, c'est qu'on la connait peu.

42

Ce soir quelque chose dans l'air a passé
qui fait pencher la tête;
on voudrait prier pour les prisonniers
dont la vie s'arrête.
Et on pense à la vie arrêtée. . . .

À la vie qui ne bouge plus vers la mort
et d'où l'avenir est absent;
où il faut être inutilement fort
et triste, inutilement.

Où tous les jours piétinent sur place,
où toutes les nuits tombent dans l'abîme,

push the cemetery grill,
be quiet with one who is so quiet.

For hasn't it become essential
to make a subtle, pious contact?
That was strong: because the earth is strong;
and this laments: because we barely know it.

42

Tonight there was something in the air
that makes us bow our heads;
we want to pray for prisoners
for whom life stops.
And we think of life stopped. . . .

Of life no longer moving towards death
and of where the future's absent;
where one must be uselessly strong
and sad, uselessly.

Where all days are marking time,
where all nights fall into the abyss,

et où la conscience de l'enfance intime
à ce point s'efface,

qu'on a le cœur trop vieux pour penser un enfant.
Ce n'est pas tant que la vie soit hostile;
mais on lui ment,
enfermé dans le bloc d'un sort immobile.

43

Tel cheval qui boit à la fontaine,
telle feuille qui en tombant nous touche,
telle main vide, ou telle bouche
qui nous voudrait parler et qui ose à peine—

autant de variations de la vie qui s'apaise,
autant de rêves de la douleur qui somnole:
ô que celui dont le cœur est à l'aise
cherche la créature et la console.

and where childhood's intimate awareness
effaces itself at that point

when our heart's too old to think a child.
It's not so much that life is hostile,
but that we lie to it,
locked in a block of immobilized fate.

43

This horse drinking at the fountain,
this leaf touching us as it falls,
this empty hand, this mouth that wants
to speak to us but barely dares—

all signs of life that is appeased,
all dreams of a sleep-walking pain:
oh, let the one whose heart's at ease
search for and console creation.

44: *PRINTEMPS*

I

Ô mélodie de la sève
qui dans les instruments
de tous ces arbres s'élève—
accompagne le chant
de notre voix trop brève.

C'est pendant quelques mesures
seulement que nous suivons
les multiples figures
de ton long abandon,
ô abondante nature.

Quand il faudra nous taire,
d'autres continueront. . . .
Mais à présent comment faire
pour te rendre mon
grand cœur complémentaire?

II

Tout se prépare et va
vers la joie manifeste;
la terre et tout le reste
bientôt nous charmera.

Nous serons bien placés
pour tout voir, tout entendre;

44: *SPRING*

I

O melody of sap rising
in the instruments
of all these trees—
accompany the song
of our too-brief voice.

In only just a few
measures can we follow
the multiple strains
of your long abandon,
O abundant nature.

When we must be quiet,
others will continue. . . .
But now what can I do
to offer you my own
great contrapuntal heart?

II

Everything gets ready and moves
towards manifested joy;
the earth and all the rest
will soon be charming us.

We'll have places good enough
to see and to hear all;

on devra même se défendre
et parfois dire: assez!

Encor si on était dedans;
mais l'excellente place
est un peu trop en face
de ce jeu émouvant.

III
Montée des sèves dans les capillaires
qui tout à coup démontre aux vieillards
l'année trop raide qu'ils ne monteront guère
et qui en eux prépare le départ.

Leur corps (tout offensé par cet élan
de la nature brute qui ignore
que ces artères où elle bout encore
supportent mal un ordre impatient)

refuse la trop brusque aventure;
et pendant qu'il se raidit, méfiant,
pour subsister à sa façon, il rend
le jeu facile à la terre dure.

we even should defend ourselves
and sometimes say: Enough!

Still, if we were part of it;
but the very best place
is a little too face
to face with this moving game.

III

The rise of sap in capillaries
that abruptly shows old men
the too-stiff year they'll hardly climb
and prepares departure in them.

Their bodies (offended by this thrust
of brute nature which ignores
that these arteries, where she still bubbles,
cannot endure an impatient order)

refuse this too-brusque adventure;
and, defiant, as they stiffen
to survive in her own way, they make
the game easy for the hard ground.

IV

C'est la sève qui tue
les vieux et ceux qui hésitent,
lorsque cet air insolite
flotte soudain dans les rues.

Tous ceux qui n'ont plus la force
de se sentir des ailes,
sont invités au divorce
qui à la terre les mêle.

C'est la douceur qui les perce
de sa pointe suprême,
et la caresse renverse
ceux qui résistent quand même.

V

Que vaudrait la douceur
si elle n'était capable,
tendre et ineffable,
de nous faire peur?

Elle surpasse tellement
toute la violence
que, lorsqu'elle s'élance,
nul ne se défend.

IV

Sap is what kills
the old and those who hesitate
when this insolent air
suddenly floats in the streets.

All those with no more
strength to walk on air
are called to the divorce
that mingles them with earth.

Sweetness pierces them
with its final sting,
and a caress topples
those who still resist.

V

Tender and ineffable,
what good would sweetness be
if it were never able
to frighten all of us?

It surpasses
violence so,
that when it springs
no one defends himself.

VI

En hiver, la mort meurtrière
entre dans les maisons;
elle cherche la sœur, le père,
et leur joue du violon.

Mais quand la terre remue
sous la bêche du printemps,
la mort court dans les rues
et salue les passants.

VII

C'est de la côte d'Adam
qu'on a retiré Ève;
mais quand sa vie s'achève,
où va-t-elle, mourant?

Adam serait-il son tombeau?
Faut-il, lorsqu'elle se lasse,
lui ménager une place
dans un homme bien clos?

VI

In winter the murderer
death enters the house;
it looks for a sister, a father,
and fiddles for them.

But when the earth is moving
under the spade in spring,
death runs in the streets
and waves at the tourists.

VII

Eve was drawn out
of Adam's side;
but when her life is lived,
where will she go to die?

Will Adam be her tomb?
When she grows exhausted,
must we manage room
for her in an air-tight man?

45

Cette lumière peut-elle
tout un monde nous rendre?
Est-ce plutôt la nouvelle
ombre, tremblante et tendre,
qui nous rattache à lui?
Elle qui tant nous ressemble
et qui tourne et tremble
autour d'un étrange appui.
Ombres des feuilles frêles,
sur le chemin et le pré,
geste soudain familier
qui nous adopte et nous mêle
à la trop neuve clarté.

46

Dans la blondeur du jour
passent deux chars pleins de briques:
ton rose qui revendique
et renonce tour à tour.

Comment se fait-il que soudain
ce ton attendri signifie
un nouveau complot de vie
entre nous et demain.

45

Can such light offer
us an entire world?
Or is it the new shade,
trembling and tender,
that fastens us to it?
Shade that so resembles
us, that turns and trembles
round such a strange support.
Shades of fragile leaves,
on the meadow and the road:
sudden familiar gesture
that adopts and mingles
us with this too-new clarity.

46

Two wagons full of bricks
pass through the golden day:
a rose tone that asserts
and then, in turn, denies.

Why does this softened tone
signify so suddenly
a new conspiracy of life
between us and tomorrow?

47

Le silence uni de l'hiver
est remplacé dans l'air
par un silence à ramage;
chaque voix qui accourt
y ajoute un contour,
y parfait une image.

Et tout cela n'est que le fond
de ce qui serait l'action
de notre cœur qui surpasse
le multiple dessin
de ce silence plein
d'inexprimable audace.

48

Entre le masque de brume
et celui de verdure,
voici le moment sublime où la nature
se montre davantage que de coutume.

Ah, la belle! Regardez son épaule
et cette claire franchise qui ose. . . .
Bientôt de nouveau elle jouera un rôle
dans la pièce touffue que l'été compose.

47

Winter's total silence
in the air is supplanted
by a warbling silence;
each voice that joins in
adds a new dimension
and perfects a picture.

All that is but the start
of what will be the act
of our heart as it supplants
the multiple design
of this silence that is full
of unspeakable contempt.

48

Between the masques of mist and green
this is the sublime moment
when, more than customarily,
nature will reveal herself.

How gorgeous! Look at her shoulder
and that bright daring freedom. . . .
Soon she'll play her role again
in the bushy play composed by summer.

49: *LE DRAPEAU*

Vent altier qui tourmente le drapeau
dans la bleue neutralité du ciel,
jusqu'à le faire changer de couleur,
comme s'il voulait le tendre à d'autres nations
par-dessus les toits. Vent impartial,
vent du monde entier, vent qui relie,
évocateur des gestes qui se valent,
ô toi, qui provoques les mouvements
                             interchangeables!
Le drapeau étale montre son plein écusson—
mais dans ses plis quelle universalité tacite!

Et pourtant quel fier moment
lorsqu'un instant le vent se déclare
pour tel pays: consent à la France,
ou subitement s'éprend
des Harpes légendaires de la verte Irlande.
Montrant toute l'image, comme un joueur de cartes
qui jette son atout,
et qui de son geste et de son sourire anonyme,
rappelle je ne sais quelle image
de la Déesse qui change.

49: THE FLAG

Haughty wind tormenting the flag
in the blue neutrality of sky,
even changing its color
as if offering it to other nations
over roof-tops. Impartial wind,
wind of the whole world, uniting wind,
evoking worthy gestures,
O you, provoking interchangeable movements!
The unfurled flag reveals its full escutcheon—
but in its folds, what tacit universal!

And yet, how proud the moment
when the wind instantly declares itself
for a given country: consents to France
or is suddenly infatuated
with the legendary Harps of green Ireland.
Showing the whole picture, like a card player
who plays his trump
and who, with a gesture and anonymous smile,
recalls . . . I don't know what image
of the changing Goddess.

50: *LA FENÊTRE*

I

N'es-tu pas notre géométrie,
fenêtre, très simple forme
qui sans effort circonscris
notre vie énorme?

Celle qu'on aime n'est jamais plus belle
que lorsqu'on la voit apparaître
encadrée de toi; c'est, ô fenêtre,
que tu la rends presque éternelle.

Tous les hasards sont abolis. L'être
se tient au milieu de l'amour,
avec ce peu d'espace autour
dont on est maître.

II

Fenêtre, toi, ô mesure d'attente,
tant de fois remplie,
quand une vie se verse et s'impatiente
vers une autre vie.

Toi qui sépares et qui attires,
changeante comme la mer—

50: THE WINDOW

I

Aren't you our geometry,
window, very simple shape
circumscribing our enormous
life painlessly?

A lover's never so beautiful
as when we see her appear
framed by you; because, window,
you make her almost immortal.

All risks are cancelled. Being
stands at love's center,
with this narrow space around,
where we are master.

II

You, window, O waiting's measure,
refilled so often
when one life spills out and grows
impatient for another.

You who divides and attracts,
as fickle as the sea—

glace, soudain, où notre figure se mire
mêlée à ce qu'on voit à travers;

échantillon d'une liberté compromise
par la présence du sort;
prise par laquelle parmi nous s'égalise
le grand trop du dehors.

III
Assiette verticale qui nous sert
la pitance qui nous poursuit,
et la trop douce nuit
et le jour, souvent trop amer.

L'interminable repas,
assaisonné de bleu—
il ne faut pas être las
et se nourrir par les yeux.

Que de mets l'on nous propose
pendant que mûrissent les prunes;
ô mes yeux, mangeurs de roses,
vous allez boire de la lune!

sudden mirror reflecting our face
mingled with what we see in back;

fraction of a freedom compromised
by the presence of risk;
trapped by whatever's in us
that evens the odds of the loaded outside.

III
Vertical plate serving us
the pittance that pursues
us, the night too tender
and day too often bitter.

Endless meal
seasoned with blue—
we just can't loll
and let our eyes feed us.

What menus are proposed
during the ripening of prunes;
O my eyes, devourers of roses,
you will drink the moon!

51

À la bougie éteinte,
dans la chambre rendue à l'espace,
on est frôlé par la plainte
de feu la flamme sans place.

Faisons-lui un subtil
tombeau sous notre paupière,
et pleurons comme une mère
son très familier péril.

52

C'est le paysage longtemps, c'est une cloche,
c'est du soir la délivrance si pure—;
mais tout cela en nous prépare l'approche
d'une nouvelle, d'une tendre figure. . . .

Ainsi nous vivons dans un embarras très étrange
entre l'arc lointain et la trop pénétrante flèche:
entre le monde trop vague pour saisir l'ange
et Celle qui, par trop de présence, l'empêche.

51

When the candle has burned out,
in the room turned into space,
we're touched by the fire's moan,
a flame that's lost its place.

Let's make a subtle sepulchre
for it beneath our eyelid,
and, like a mother, weep
for its too-familiar danger.

52

It's the endless landscape, it's a bell,
it's that pure deliverance of night—
but in us, all that starts to signal
the coming of a new, a tender figure. . . .

Thus we live in a strange embarassment
between a distant arc and too-penetrating arrow:
between a world too vague to hold the angel
and She who hinders it with too much presence.

53

On arrange et on compose
les mots de tant de façons,
mais comment arriverait-on
à égaler une rose?

Si on supporte l'étrange
prétention de ce jeu,
c'est que, parfois, un ange
le dérange un peu.

54

J'ai vu dans l'œil animal
la vie paisible qui dure,
le calme impartial
de l'imperturbable nature.

La bête connaît la peur;
mais aussitôt elle avance
et sur son champ d'abondance
broute une présence
qui n'a pas le goût d'ailleurs.

53

We arrange and we compose
words in so many ways,
but when will we find ways
to be equal to the rose?

If we keep up the strange
pretension of this game,
it's because at times an angel
deranges it a little.

54

In the animal eye I saw
a peaceable life that endures,
the unprejudiced calm
of dispassionate nature.

A beast knows what fear is
but keeps going nonetheless;
and in its field of plenty
a certain presence grazes
with no taste for someplace else.

55

Faut-il vraiment tant de danger
à nos objets obscurs?
Le monde serait-il dérangé,
étant un peu plus sûr?

Petit flacon renversé,
qui t'a donné cette mince base?
De ton flottant malheur bercé,
l'air est en extase.

56: *LA DORMEUSE*

Figure de femme, sur son sommeil
fermée, on dirait qu'elle goûte
quelque bruit à nul autre pareil
qui la remplit toute.

De son corps sonore qui dort
elle tire la jouissance
d'être un murmure encor
sous le regard du silence.

55

Do our humble things
really need so much danger?
Would the world be deranged,
if it were a little surer?

Small spilled bottle,
who gave you that thin base?
Rocked by your floating casualty,
the air's in ecstasy.

56: *SLEEPING WOMAN*

Savoring sleep, the figure
of a woman seems to taste
a noise that's like no other
and that fills her up again.

From the echo of her sleeping
body, she draws the pleasure
of still being just a murmur
beneath the glance of silence.

57: *LA BICHE*

Ô la biche: quel bel intérieur
d'anciennes forêts dans tes yeux abonde;
combien de confiance ronde
mêlée à combien de peur.

Tout cela, porté par la vive
gracilité de tes bonds.
Mais jamais rien n'arrive
à cette impossessive
ignorance de ton front.

58

Arrêtons-nous un peu, causons.
C'est encore moi, ce soir, qui m'arrête,
c'est encore vous qui m'écoutez.

Un peu plus tard d'autres joueront
aux voisins sur la route
sous ces beaux arbres que l'on se prête.

57: *THE DOE*

Ah, the doe: what lovely hearts
of ancient woods abound inside your eyes;
so much total confidence
fused with so much fear.

All that, borne by the vibrance
of your graceful bounds.
But in your brow's
unpossessive ignorance
nothing ever happens.

58

Let's stop a while, let's talk.
Tonight, again, I am the one who stops
myself, you are the one who listens.

A little later, others will pretend
that they are neighbors on the road
under these lovely trees we lend ourselves.

59

Tous mes adieux sont faits. Tant de départs
m'ont lentement formé dès mon enfance.
Mais je reviens encor, je recommence,
ce franc retour libère mon regard.

Ce qui me reste, c'est de le remplir,
et ma joie toujours impénitente
d'avoir aimé des choses ressemblantes
à ces absences qui nous font agir.

59

All my goodbyes are said. Many separations
slowly shaped me since my infancy.
But I come back again and I begin again;
this fresh return releases my attention.

What's left for me is to replenish it,
and my joy, forever unrepentant
for having loved the things resembling
these absences that make us act.

Translator's Note

Rilke included poems #1, 2 and 3 (the third with an additional stanza) from "Orchards" in his sequence, "Affectionate Taxes to France," translations of which are included in my previous collection, *The Astonishment of Origins*.

Rilke also included the three-poem sequence, "The Window" (Poems #50, I, II and III), from "Orchards" in the longer sequence by the same name included in *The Roses & The Windows*.

Both *The Roses & The Windows* (1980) and *The Astonishment of Origins* (1982) are published by Graywolf Press.

Index des Titres et des premières Lignes

À la bougie éteinte, 90

Ai-je des souvenirs, ai-je des espérances, 48

Arrêtons-nous un peu, causons, 96

Assiette verticale qui nous sert, 88

Au midi vide qui dort, 42

LA BICHE, 96

C'est de la côte d'Adam, 78

C'est la sève qui tue, 76

C'est le Centaure qui a raison, 18

C'est le paysage longtemps, c'est une cloche, 90

C'est qu'il nous faut consentir, 36

Ce n'est pas la justice qui tient la balance précise, 32

Ce ne sont pas des souvenirs, 54

Ce soir mon cœur fait chanter, 8

Ce soir quelque chose dans l'air a passé, 68

Cette lumière peut-elle, 80

Combien a-t-on fait aux fleurs, 10

Combien de ports pourtant, et dans ces ports, 58

Combien le pape au fond de son faste, 36

Comme un verre de Venise, 20

Comment encore reconnaître, 56

Index of Titles and First Lines

A swan swims on the water, 65

Ah, the doe: what lovely hearts, 97

All my goodbyes are said. Many separations, 99

All of our ancestors' pleasures, 53

And yet how many ports, and in those ports, 59

Aren't you our geometry, 87

As Venetian glass, 21

Between the masques of mist and green, 83

Can such light offer, 81

CORNUCOPIA, 19

Do I have memories, do I have any hopes, 49

Do our humble things, 95

Do you see that slowly walking, happy, 23

THE DOE, 97

EROS, 29

Eve was drawn out, 79

Everything gets ready and moves, 73

Everything happens a little, 13

THE FLAG, 85

THE FOUNTAIN, 41

THE GODDESS, 43

CORNE D'ABONDANCE, 18

Dans la blondeur du jour, 80

Dans la multiple rencontre, 34

LA DÉESSE, 42

De leur grâce, que font-ils, 48

LA DORMEUSE, 94

Doux pâtre qui survit, 22

LE DRAPEAU, 84

Eau qui se presse, qui court—eau oublieuse, 26

En hiver, la mort meurtrière, 78

Entre le masque de brume, 82

EROS, 28

Faut-il vraiment tant de danger, 94

LA FENÊTRE, 86

Fenêtre, toi, ô mesure d'attente, 86

Figure de femme, sur son sommeil, 94

LA FONTAINE, 40

FRAGMENT D'IVOIRE, 22

Heureux verger, tout tendu à parfaire, 50

J'ai vu dans l'œil animal, 92

Jamais la terre n'est plus réelle, 46

Je ne veux qu'une seule leçon, c'est la tienne, 40

Là, sous la treille, parmi le feuillage, 30

Lampe du soir, ma calme confidente, 8

Happy orchard, stretched out to perfect, 51

Haughty wind tormenting the flag, 85

Have the angels turned discreet!, 35

How can I recognize again, 57

How many strange secrets, 11

Hurried, running water—forgetful water, 27

I want just one lesson, and it's yours, 41

If I dared to write you, borrowed, 45

If we sing a god, that god, 17

In the animal eye I saw, 93

In the empty sleeping noon, 43

In the multiple encounter, 35

In winter the murderer, 79

INTERIOR PORTRAIT, 55

Isn't it sad that our eyes close?, 59

It's that we must consent, 37

It's the endless landscape, it's a bell, 91

IVORY FRAGMENT, 23

Justice doesn't hold the accurate scale, 33

Let the god content himself with us, 33

Let's stop a while, let's talk, 97

Little porcelain angel, 25

Never is the earth more real, 47

Night light, my calm confidante, 9

Le silence uni de l'hiver, 82

Le sublime est un départ, 56

Les Anges, sont-ils devenus discrets!, 34

Montée des sèves dans les capillaires, 74

N'es-tu pas notre géométrie, 86

N'est-ce pas triste que nos yeux se ferment?, 58

N'était-il pas, ce verger, tout entier, 50

Notre avant-dernier mot, 16

Nul ne sait, combien ce qu'il refuse, 14

Ô belle corne, d'où, 18

Ô faisons tout pour cacher son visage, 28

Ô la biche: quel bel intérieur, 96

Ô mélodie de la sève, 72

Ô mes amis, vous tous, je ne renie, 64

Ô nostalgie des lieux qui n'étaient point, 66

Ô toi, centre du jeu, 28

On a si bien oublié, 38

On arrange et on compose, 92

LA PASSANTE D'ÉTÉ, 22

PAUME, 14

Paume, doux lit froissé, 14

Petit Ange en porcelaine, 24

Peut-être que si j'ai osé t'écrire, 44

PORTRAIT INTÉRIEUR, 54

No one knows how mastered we are, 15

O longing for the places that weren't loved, 67

O lovely horn, from where are you, 19

O melody of sap rising, 73

O my friends, all of you, I renounce, 65

O you, center of the game, 29

Oh let's do all we can to hide his face, 29

THE ORCHARD, 45

Our next-to-last word will be one, 17

PALM, 15

Palm, soft unmade bed, 15

Sap is what kills, 77

Savoring sleep, the figure, 95

Since everything must pass, 61

SLEEPING WOMAN, 95

Sometimes it's good to be, 43

SPRING, 73

Stay still, if the Angel, 11

SUMMER PASSER-BY, 23

Sweet shepherd tenderly, 23

Tender and ineffable, 77

The Angel's view: perhaps the tips of trees, 63

The Centaur has good reason, 19

The rise of sap in capillaries, 75

PRINTEMPS, 72

Puisque tout passe, faisons, 60

Qu'il est doux parfois d'être de ton avis, 42

Que le dieu se contente de nous, 32

Que vaudrait la douceur, 76

Qui vient finir le temple de l'Amour, 26

Reste tranquille, si soudain, 10

Si l'on chante un dieu, 16

Souvent au-devant de nous, 62

Sur le soupir de l'amie, 24

Tel cheval qui boit à la fontaine, 70

Tous mes adieux sont faits. Tant de départs, 98

Tout se passe à peu près comme, 12

Tout se prépare et va, 72

Toutes les joies des aïeux, 52

Un cygne avance sur l'eau, 64

Vent altier qui tourmente le drapeau, 84

VERGER, 44

Vers quel soleil gravitent, 44

Vois-tu venir sur le chemin la lente, l'heureuse, 22

Vues des Anges, les cimes des arbres peut-être, 62

The soul-bird often, 63

The sublime is a departure, 57

The whole night rests, 25

This horse drinking at the fountain, 71

This orchard, all of it, wasn't it, 51

Tonight my heart makes, 9

Tonight there was something in the air, 69

Toward what sun do so many, 45

Two wagons full of bricks, 81

Under the arbor, there, among the leaves, 31

Vertical plate serving us, 89

We arrange and we compose, 93

We've forgotten so well, 39

What do they do with their wiles, 49

When the candle has burned out, 91

Who's coming to finish Love's temple, 27

THE WINDOW, 87

Winter's total silence, 83

Without being less venerable, 37

You don't survive in me, 55

You, window, O waiting's measure, 87

Rainer Maria Rilke

Rainer Maria Rilke was born in Prague, Czechoslovakia in 1875 and died in Val-Mont, Switzerland, in 1926. Between 1901 and 1915, Rilke lived in and around Paris, during which time he briefly served as Rodin's informal secretary. Befriended by such figures as Lou Andréas-Salomé and the Princess Marie von Thurn und Taxis-Hohenlohe, he travelled to Russia, Egypt, and throughout Europe. His other friends and acquaintances included: Stefan George, Paul Klee, Kokoschka, Stefan Zweig, André Gide and Paul Valéry.

Among Rilke's many books in English translation are: *Poems 1906-1926*, *The Book of Pictures*, *The Book of Hours*, *Duino Elegies*, *The Sonnets to Orpheus*, *The Notebooks of Malte Laurids Brigge*, *The Lay of the Love and Death of Cornet Christopher Rilke*, *New Poems*, *Letters to a Young Poet*.

No book-length collection of Rilke's French poems in English translation appeared until the publication of *Saltimbanques* (limited edition, 1978), *The Roses & The Windows* (1980), and *The Astonishment of Origins* (1982), all translated by A. Poulin, Jr. and published by Graywolf Press. After *Orchards* will be the final volume in the series, tentatively titled *The Migration of Forces*.

All of Rainer Maria Rilke's French poems are collected in: Rainer Maria Rilke *Sämtliche Werke*, Zweiter Band, Gedichte: Zweiter Teil, Insel-Verlag, 1958.

The Translator

A. Poulin, Jr. was born in 1938 in Lisbon, Maine, and graduated from St. Francis College, Loyola University and the University of Iowa. He is the author of *In Advent: Poems; Catawba: Omens, Prayers & Songs;* and *The Slaughter of Pigs*, a cycle of poems in progress. He is also the editor of *Contemporary American Poetry*, an anthology, and his translations of Rainer Maria Rilke's *Duino Elegies and The Sonnets to Orpheus* were highly acclaimed. The founding Editor/Publisher of BOA Editions, Ltd., Mr. Poulin is Professor of English at the State University of New York, College at Brockport, where he resides with the metalsmith, Basilike Poulin, and their daughter, Daphne.